吉娜兒的愛情Cafe

妳永遠可以愛得更美好

暢銷圖文作家 / 吉娜兒

序 言
最美好的愛情是什麼樣子？

從認識自己開始

我們每天照鏡子，花了很多時間梳妝打扮，好像很在乎自己的模樣，但是很少有人會先好好看清楚自己，很少有人會先想清楚自己適合怎樣的造型。留著浪漫直髮的人，也許適合俏麗的短髮，但是因為看到別人留得好看，就跟著留了。

直到被分手、傷了心，藉著剪掉長髮宣誓和這段感情一刀兩斷，才發現短髮讓自己五官更立體、眼睛更明亮，才發現自己不適合長髮，就像那個男人不適合自己。會不會我們都太急著要拿好的，沒有停下來想一想，那適不適合自己？

人生要自己做主

某天我在咖啡廳寫作，聽見了隔壁桌一位女生，滔滔不絕地和朋友分享最近的戀情。她多次強調「偶然」這個詞，她「偶然」遇到他，他「偶然」進入她的人生，好像一切都是命中注定，但是當他喜歡上別的女生，她就沒說是「偶然」了，只說那是他貪心，這段戀情當然也就草草結束。

因為她聊得太大聲，而無法不聽完的我心想，沒錯，我們都會和很多人「偶然」相遇，但是要不要讓對方成為自己人生的一部分，是自己要做選擇的。為什麼這麼多現代都會女性，可能在職場上都是聰明有才幹的人，面對愛情時的思想卻好像還停在中古世紀，經常被命運、偶然、幸運這類詞彙綁架，不明白必須靠自己的聰明才智選擇出好的對象，而不是被動地妄想命運會幫自己做出最好的選擇。

開始愛得更好吧

就像這樣，我們在聽別人的故事的時候，尤其聽身邊的朋友分享感情問題，總可以明確地發現問題與盲點，卻對自己的愛情常常束手無策。我想藉由閱讀別人的愛情故事，應該能夠幫助大家從中發現自己的盲點，甚至找到自己解不出來的答案，因此開始創作《吉娜兒的愛情Café》，希望能協助大家愛得更好。

《吉娜兒的愛情Café》是一間奇幻咖啡廳，走進來的人都會顯現出在愛情裡的本性，變成不同的動物，奇幻地呈現不同的愛情模樣。希望正在翻看的妳，可以買一本放身邊，隨時光顧這間心靈裡的咖啡廳，和我一起喝咖啡、聊愛情，找到專屬於自己的愛情模樣。如果妳的朋友也會為情所困，請再買一本送給她。

圖文作家

CONTENTS

愛情不會都一樣，
妳在愛情裡是什麼模樣？

歡迎光臨

吉娜兒的愛情Café

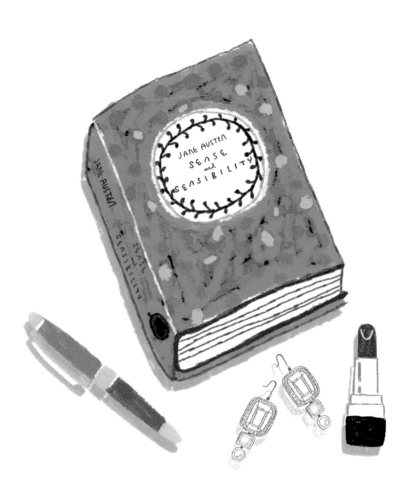

剛好

曾經妳愛得很深很深，
直到一顆完整的心被撕成兩半，
漸漸地妳不確定是不相信愛情，
還是不信任自己，
給自己一段心痛的時間，
痛過了就要放手讓自己好過。
即便此刻無法放心去愛，
就享受一個人的剛剛好，
不用做什麼、不必討好誰，
只有自己的美麗，
與當下的美好。

用放手學到優雅
敢拒絕就能孤傲

　　不少人以為自己像貓，因為憧憬那樣的優雅與孤傲，但很少人真的像貓，因為首先就過不了寂寞這一關。

　　祕訣是什麼呢？

　　貓小姐說其實沒有祕訣，其實也會感到寂寞，但是如果在那時候，沒有任何人比自己更有意思、更值得相處，何必勉強與人來往呢？因為可以對別人無所求，才能守得住遺世獨立的孤傲性格；因為情願花時間與自己獨處，才能養得起怡然自得的優雅氣質。

　　這很不容易，所以羨慕的人多，做到的人少。

　　其實貓小姐很黏人，被她真正愛過的人就知道。她可以一整天、好幾天和愛人膩在一起，就像世上沒有其他更有意思的事情可做了，不得已要暫時離開一下的時候，還會讓人感到她的眷戀不捨。

　　但是當貓小姐真正要離開一個人的時候，那就是永別了。就算他們還住在同一個城市，就算他們還常常在街上遇到，就算他們還會打招呼，她其實已經無視他的存在，因為打從心底不感興趣。

沒有祕訣、不分個性，如果接下來的人生選擇，你都能夠挑那一個讓自己絲毫也不覺得勉強的選項，尤其是在愛裡不勉強別人、更不勉強自己，也許你能慢慢發現自己身上也有貓的優雅與孤傲：不勉強別人，用放手學到優雅；不勉強自己，敢拒絕就能孤傲。

獨處

如何與自己相處，遠比是否有人陪伴重要得多；
學習與自己作伴，也比學習和別人相處還要重要。
因為妳才是，唯一會陪自己天長地久的人。
開始學會獨處，讓自己成為和自己最好相處的人。

永不分離要如何喘息

「永不分離」是很吸引人的愛情誓言，但是如果落實到日常生活中，真的想做到隨時都跟情人膩在一起，就會將原本浪漫地四目交接，變成讓對方感到壓力的緊迫盯人。

鴨子小姐不是不懂這道理，但她就是沒辦法控制自己，只要愛上了，她覺得自己就要完全投入這段感情，她就想要盡可能隨時跟在對方身邊。不得不分開的時候，比如上班的時候，她也會利用休息時間想辦法跟對方視訊。

出社會之後，鴨子小姐的戀情，都沒有維持超過半年。每一段戀情的模式都很相似，前三個月熱戀期，兩個人如膠似漆，沒有誰在緊迫盯著誰的問題。

過了熱戀期，男方開始想要恢復一點正常社交，比如獨自參加同事的餐聚、死黨的球聚……之類的，鴨子小姐不論如何都要跟著去，就算被晾在一旁也要跟。最後階段則是男方想辦法溝通，但鴨子小姐怎樣都無法退讓，終究只能走上分手一途。

朋友問她是不是不夠信任男人，鴨子小姐告訴她的朋友，其實她沒想過這個問題，她壓根沒想過對方會不會劈腿偷吃的問題，真的就是離不開對方。鴨子小姐也曾經告訴其中一任男友：「我當然要一起去，因為我愛你啊！我想要隨時看見你，時時刻刻都要在一起，這是我真心愛你的證明，你為什麼不能懂呢？而且，如果你也是這樣愛我，如果你愛我也一樣多，就不會只有『你』或是只有『我』，一切都是『我們』啊！」她的男友找不到理由反駁，只好默默離開不再聯絡。

這是我真心愛你的證明

你為什麼不能懂呢？

舊愛

舊情人的好，
就像在黑暗中擦亮的火柴，
即便能夠燦爛幾秒，
也無法真正照亮什麼。

best wish for you

是真愛或只是習慣

　　即便分手已經事隔多年，即便仍然只是一通電話，鴿子小姐還是會拋下一切，毫不猶豫地飛奔回舊情人懷裡。

　　鴿子小姐始終沒有真正分手，每當舊情人一聲呼喚，她就像被無法抗拒的本能操控著，一次又一次飛回舊情人的懷抱，彷彿完全不記得對方如何對自己薄情寡義，彷彿連已經分手的殘酷事實也都忘了。

　　但是姊妹淘們可沒忘記。剛被分手時的鴿子小姐，哭得像永遠不會停的梅雨季，茶不思飯不想，常常兩眼無神對著空氣發呆，讓原本纖細的身材更顯瘦弱與無助。尤其是晚上，寂寞變成一場不斷重播的恐怖電影，讓鴿子小姐身心俱疲。大家急著幫忙安排活動、輪班陪伴，怕她無法適應沒有情人相伴的日子。

　　然後突然某一天，鴿子小姐推辭了姊妹淘的邀約，看起來情傷已經復原，甚至似乎心情非常愉悅。大家感到慶幸也沒有多問，當然更不會有人料想得到，此時此刻鴿子小姐已經在和舊情人幽會。等到事情曝光了，有的人苦心相勸，有的人等著看好戲，更多的朋友則在心裡發誓再也不想過問她的情事。

當這樣的事情一再發生之後，姊妹淘裡已經沒有一個人，會再認真看待鴿子小姐的情傷了。

　　或許，舊情人的溫柔就像穿到變形、起了毛球的毛衣，在你感到冷的時候，當然穿了可以保暖，自然也會感到舒適，但是它已經無法讓你變得更好。最重要的是，它已經不再是最適合你的毛衣，更不會是專屬於你的毛衣。

　　習慣就是習慣，習慣不是真愛，但是因為習慣而感覺舒適，有時會讓人誤以為這就是真愛。舊毛衣確實也能保暖，但是千萬不要因為可以借穿不再屬於自己的舊毛衣，而不願意去找真正適合自己、可以讓自己變得更好的新毛衣。

把舊愛留給回憶

柴犬先生有時候會約同事，下班先來店裡喝杯咖啡，再各自赴自己的約會，今天他可能沒有別的地方要去，就點了古巴三明治加義大利甜酒咖啡。柴犬先生和同事們聊得正熱絡的時候手機響了，一如往常打來的又是已經分手的前女友。熟識他前任女友的男同事露出故作欽佩的表情，更認識他現任女友的女同事，則是露出有些不以為然的表情。跟前女友保持這麼密切的聯繫，真的好嗎？

柴犬先生說：「我們的愛情結束了，彼此已不再相愛，但我對你的關心仍絲毫不減，當你需要我的時候，念在舊情，我一定會盡可能陪你。」

柴犬先生的前女友則說：「雖然我已經不再愛你，我的身邊也有了新的他，但你還是那個最懂我的人，就算我們的愛情已經走到盡頭，做不成情人還是可以做朋友，在我心裡永遠有一個你的位子。」

如此稱得上分手嗎？或許只能算名義上分手吧？因為心理上沒有完全離開對方，仍依賴著對方，用無以名狀的方式向對方討愛。

既然不能繼續相愛，那麼就以朋友的名義相愛吧，柴犬先生和前女友很有默契，他們自認沒有做出對不起現任的事情，卻也無法光明正大地坦承彼此仍有聯繫，他們說是為了不讓現任擔心。

　　真正放下一段感情，離開曾經愛過的人，不是一件容易的事情，也許是習慣使然，或是愛的餘溫讓人難分難捨、藕斷絲連，這些都是容易理解的原因或藉口，但是，遊走在愛情的灰色地帶，不甘心鬆手捨棄舊愛，卻又難掩興奮投身擁抱新歡，會不會根本就是自己太貪心、太自私了呢？然而再怎麼合理化自己的作為，當無法跟上一段感情劃清界線，又如何全心投入現在的感情？難道真覺得，現任的情人會想要與別人共享你的愛情嗎？

在我心裡永遠有一個你的位子

不知道怎樣才夠

　　比朋友早到店裡的天鵝小姐，今晚心情好像特別好，看似刻意壓抑興奮的情緒，眼裡卻不時流露彷彿少女沉浸在愛情裡的光芒，感覺連皮膚都更加白皙水嫩，難道真是因為愛情的滋潤嗎？就算不是，天鵝小姐對保養皮膚，本來就比一般人還要用心，也費盡心力維持身材。她曾對朋友說，女人可以長得醜，不要太醜都還有機會，但是絕對不能偷懶。該塗在身上的要塗，該抹在臉上的一滴也不能少，這樣你就能打敗很多人，就有機會嫁一個能讓自己過好生活的男人。投資許多心力和瓶瓶罐罐在外貌的天鵝小姐，也如願嫁了一個財力雄厚的男人。

　　但是天鵝小姐今晚等的不是姊妹淘，而是還有在工作時的曖昧對象之中的一位。即便知道天鵝小姐已經結婚，曾經曖昧過的對象，有好幾位都還對她懷有愛慕之情。而即便已經結婚，天鵝小姐也樂於和這些男人保持曖昧的朋友關係。

　　除了老公之外，她同時周旋在不同的男人身邊，偶爾吃飯聊天，興致來的時候就相約喝小酒。不過最多也就是若有似無的肢體觸碰，都還不到逾矩的程度，她還不想搞砸現在美好的結婚生活，享受這些情趣的同時，她小心地掌控一切。

天鵝小姐其實深愛著自己的丈夫，也非常珍惜現在優渥的生活，但是對於仍然青春美麗的自己來說，只對一個男人死心塌地，好像怎樣都沒辦法心甘情願。心裡好像永遠都有一個聲音提醒她，還可以得到更多、也應該得到更多。

　　現在就像她用大部分的青春美麗，換取保障生活的婚約，剩下的她就拿去交換更多的刺激與浪漫。對天鵝小姐來說，因為自己比別人努力，當然可以拿到更多，如果還可以再拿更多，那就別委屈自己只拿一些。

　　是的，永遠都要再拿更多。

她用大部份的青春美麗
換取保障生活的婚約

本事

記得培養這種本事：
靠著一些小事就能讓自己開心，
這樣就不怕全世界都來傷妳的心。

嘗不到愛情的甜蜜

　　長頸鹿小姐相信，女人一生的命運，上半生是自己給的，下半生是丈夫給的，如果上半生的命運不好，只要嫁個金龜婿，便能扭轉下半生的命運。渴望改變自己的命運，一心想往高處爬的長頸鹿小姐，後來如願嫁給一位改變她下半生命運的男人，在朋友們的眼裡，她真的就是飛上枝頭變鳳凰。

　　長頸鹿小姐的姊妹淘們都羨慕她，不用操持家務，每天睡到自然醒，總有空閒喝下午茶，三不五時去做指甲。哪像她們婚前被當成公主禮遇，不如己意發個大小姐脾氣，就可以順心如意。等到真的被娶過門，就從公主變回平凡百姓，再也沒人關心自己是不是不開心，除了要繼續上班去賺錢，下班還要趕回家煮飯、打掃、洗衣服……這一切就是長頸鹿小姐，極力想從人生中刪除的事情。她認為這樣一點都不優雅的生活方式，足以讓女人加速衰老，就像她的母親那樣。

　　長頸鹿小姐最怕的，就是變得像她的母親那樣，她告訴自己只要有錢就不怕了。長頸鹿小姐曾經告訴朋友：「如果沒有錢，你就只能嘗到現實生活濃稠的苦味，每天一起床都在吃苦，那麼再甜蜜的感情你也品嘗不到。」

不過，長頸鹿小姐其實也是默默在吃苦，她沒有告訴朋友，從和她老公正式交往開始，她就一直在忍受婆婆的侮辱，說她高攀這個家族，說她兒子只是一時被迷惑，遲早一定會醒過來，所以離婚也是遲早的事。有時候她會懷疑，自己是不是真的高攀了？甚至，在特別脆弱的時候，她會問自己，難道這些真的是自己要的嗎？但是只要回想自己是如何努力爬上來，她就會再次振作起來，為了不讓這一切都白費，她總是能夠重新鼓舞鬥志。

今天，坐在窗前的長頸鹿小姐，仰著頭低視著外面來來往往正要趕回家做飯的職業婦女們，她想著待會要去買一套新的內衣，是下午翻雜誌看到的新款式，穿在她身上一定很美，她老公一定會更愛她。

然後她想，誰也別想破壞她美好的下半生。侮辱又如何？甜美的勝利果實，就算配著侮辱的苦汁一起吃，也還是美味，而且別人想吃也吃不到。她要戰勝她婆婆，就算贏不了，她也要讓所有的朋友繼續羨慕她，沒錯，她覺得所有的朋友都在羨慕她。

她最怕的

就是變得像她的母親那樣

愛是如此困難
何苦再加為難

　　從各個方面來看，海獺先生都是個非常普通的人。

　　他的外貌普通，不好看但也不能說是有多醜，特點在於找不到特點，可能連幫他理髮多年的設計師，都很難回想他的長相。他的能力普通，沒有過人的技能，沒有完成過什麼大事，但也沒犯過什麼大錯，雖然存在感薄弱了些，也算是個稱職的職員。他的穿著、儀態、談吐、學識也都普通，很容易就隱身在團體裡，甚至同學看了畢業團體照上站在角落的他，一時都會念不出他的名字。他的興趣是看電影，目前最想完成的事情則是找到一個喜歡自己的人。

　　但是海獺先生其實不像大家看到的、以為的那麼普通，也不像他自己一直以來相信的那麼普通，當他發現的時候甚至嚇得不知道該如何是好。那是在他高中二年級的暑假，他突然發現自己是同性戀。

　　在海獺先生不為人知的世界裡，他是個很不普通的人。首先，他是同性戀。第二，他不像普遍認知的同性戀那樣，或是長得好看，或是極有才華，或至少很會說話、很會穿衣服……這些他都沒有。

當他發現這些自己與眾不同的地方時，他當然完全開心不起來，反而是更加難過，自己躲在房間裡不發出聲音哭了很久。他很想變回原來那個最普通的人。

　　從發現自己是同性戀的那一天開始，普通的事情也都變得不普通了。很普通的和友人討論想要追求的人，變得不普通了。很普通的父母關心何時交女朋友，變得不普通了。很普通的失戀想要找人聊聊，變得不普通了。

　　更令海獺先生難過的是，愛情已經如此困難，就算不是同性都很難了，他不明白為什麼還有人會因為自己不認同，就想要擅加為難，就想要阻礙兩個人相愛。遇到不普通的、少數的、比自己更困難的人，不是更應該幫忙嗎？

目前最想完成的事情則是
找到一個喜歡自己的人

迷失

如果可以放鬆心情，
迷路或許會帶妳看見更美的街景。
如果能夠用心感受，
在妳迷失人生方向的時候，
或許能得到真正的驚喜與珍貴的體會。

愛你的人或你愛的人

今天是花豹小姐、梅花鹿小姐和斑馬小姐每個月一次的姊妹淘聚會，才剛點完餐，斑馬小姐就搶先拋出這個兩難的話題：「選擇愛你的男人，或是選擇你愛的男人，你們覺得哪一種選擇比較好？」

被歷任男朋友無微不至地照顧的梅花鹿小姐說：「當然是選擇愛你的，不管你愛他多少，甚至，一開始你根本不愛他也無妨，愛你的人才會對你比較好。就算後來他不愛你了，就算分手了，就算你也還是會受傷，至少可以傷得比他輕。」

為了愛情總是勇往直前的花豹小姐馬上反駁說：「不是這樣，怎麼可以這樣？怎麼可以和你不愛的人在一起呢？當然最好是彼此相愛，就算不是彼此的最愛，也要選擇自己愛的，不然愛情有什麼意思？沒道理和自己不愛的人在一起，那不是愛情。」

接著她們變成在討論什麼才叫愛情，梅花鹿小姐和花豹小姐一來一往激辯著，反倒拋出話題的斑馬小姐，置身事外默默喝著伯爵奶茶陷入沉思。

在旁邊擦拭餐具的我，聽了她們的討論，也跟著思考起這個問題。假設選擇的標準，只是看對方對自己好不好，選擇愛自己的人應該比較好。那樣的好處，就好像套餐裡的附餐甜點，能夠選的可

能都不是你最想吃的，但就是個好處，好不好吃還在其次，就是讓人有賺到的感覺。不過，為了吃到自己真正想吃的，多付出一點代價，難道不值得嗎？

但是如果選擇自己愛的，不管是生巧克力蛋糕還是抹茶戚風蛋糕，你付出更多代價，選了一道自己喜歡、真心想吃的甜點，結果嚐起來跟附餐甜點差不多，甚至還更不好吃怎麼辦？如果你寧可付出更多代價，換得自由選擇的權利，你當然就要冒著選擇錯誤的風險，能夠做的，也就只有記取教訓，下次要選得更好而已。

正當我覺得自己想出了好答案的時候，原本靜靜喝著伯爵奶茶的斑馬小姐忽然放下杯子，抬起頭說：「難就難在兩全其美吧？一年一年長大，我們好像都變成傾向兩害相權取其輕的人了，都變得越來越不敢期待、無法等待兩全其美的方案。我覺得為了愛情，我們都應該更勇敢，人生無法重來，我要選一個愛我而且我也愛的男人。」花豹小姐和梅花鹿小姐都安靜了，斑馬小姐接著又說：「完了，我會不會一直就這樣單身下去呢？」接著大家就一起大笑，相約下次再見。

要愛情還是要麵包

　　成為大人的我們，有時候會忘了自己也曾經是小孩子。當我們還是小孩子的時候，不會懷疑夢想是不是可以實現，或許因為來到這世界的時間還太短，未來還充滿太多的可能，就算生活裡的很多事情不是自己能夠掌控的，也不會因此退縮。因為天真爛漫，因為無所畏懼，因為對未知的世界抱有無限的希望與好奇，或許因為當時的我們身上都還有精靈粉，所以我們相信自己有實現夢想的魔力。

　　「是愛情重要還是麵包重要？」對於雪貂小姐來說，這根本不能算是問題，就好像大衣跟比基尼是不能拿來比較的。如果硬要比較，一定要決定哪個比較重要，在雪貂小姐的世界裡，麵包當然遠遠比不上充滿魔力的愛情。

　　「難道不是嗎？這世界上還有什麼是比『愛情』重要的？」一邊整理吧檯，一邊聽到她不容一絲懷疑的語氣，連我都覺得也許這就是真理吧！在這樣容易發懶的晴朗午後實在很容易分心，總是不由自主地被客人之間的對話給轉移注意。

　　今天的雪貂小姐仍舊點了最喜愛的組合：溫烤蘋果派佐香草籽冰淇淋，加上手沖單品咖啡。據她說是平衡互補的搭配，一口甜膩香草籽冰淇淋加上酸澀的蘋果派同時送入口裡，太甜的變成剛好的甜，較酸變成微微的酸，這時喝一口單品咖啡，咖啡圓潤苦味變得

更加迷人，接著就又更能嚐到甜點的美好酸甜。

　　雪貂小姐的朋友極不贊同地說：「你沒聽過貧賤夫妻百事哀嗎？本來就知道你天真浪漫，但是沒想到你這麼天真，最美好的愛情，也不能取代麵包餵飽你的肚子。」

　　雪貂小姐不以為意地回說：「如果沒有愛情，富有的夫妻跟貧窮夫妻，對我來說都是一樣的，都是要過著沒有色彩的人生。」

　　不讓朋友有機會反駁，雪貂小姐又緊接著說：「金錢或許能夠帶來各式各樣的快樂，但絕對無法給你『愛情』所能帶來的快樂。」說完便像個俏皮的孩子，挖了一大口冰淇淋送進嘴裡。

　　看著雪貂小姐孩子氣的模樣，她的朋友又好氣又好笑地說：「我們不是活在童話世界，女人要現實一點，先顧好麵包，沒有愛情也可以過好日子。現實的世界在你沒有青春之後，就會變得更加殘酷，現實的世界是沒有精靈粉給你魔力的。」雪貂小姐笑著回說：「不對喔，現實世界也有精靈粉喔，那就是『愛情』啊。」她的朋友聽了氣得緊閉眼，大概白眼也翻了好幾圈。

　　「是愛情重要還是麵包重要？」

　　愛情與麵包無法互相取代，當愛情消失的時候，再奢華的生活享樂也不能替補愛情給你的快樂；但是過著貧困的生活時，再美好的愛情，也不能抹去生活品質低落帶給你的難過。這個問題也許沒有標準答案，但是每個人都應該要有自己的答案，每個人都應該明白自己更想要的是什麼，選擇自己想要的，然後承受這個選擇產生的後果。

　　不過更重要的是，不管你現在過得好還是不好，不管你覺得自己是在現實世界還是童話世界，請不要小看「愛情」的魔力，好好珍惜每一次愛的機會，也許你會再次發現身上的精靈粉在閃閃發光。

年齡

有人說青春就像花兒，
或許芬芳動人，
但卻短暫易逝。
其實，
不同的時候開不同的花，
真正的魅力是展現合乎時宜的美。

剩女還是勝女
決定在你

　　規律運動加上健康的飲食與作息，讓黑豹小姐要比同齡的朋友看起來年輕許多，當發現黑豹小姐早已是大齡女，眾人無不驚呼怎麼可能，年長的投以羨慕的眼光，年輕的則以黑豹小姐為偶像，期待未來也能像她一樣一直美麗又充滿自信。

　　許多常常為情所困的朋友，更是打從心底敬佩黑豹小姐對愛情的灑脫，還有不畏世俗眼光，敢於做自己的人生態度。

　　堪稱資深獨立新女性的黑豹小姐，雖然不像年輕妹妹那麼容易招蜂引蝶，但是一直以來也沒缺過理想的追求者，時不時也會談個引人注目的熱烈戀愛。愛還在的當下，就好好用力去愛，但是當黑豹小姐覺得這段感情已經走到盡頭，她就能夠很乾脆地鬆手，不會執著於曾經付出很多，就因此必須要得到成果才甘心，而是該說掰掰的時候就說掰掰。

　　黑豹小姐對愛執著也對愛灑脫，她曾經告訴友人：「愛情有的時候就好像是搞丟了的東西一樣，翻遍整間屋子就是怎樣都找不到，偏偏放棄再找的時候，就發現原來一直都放在自己的包包裡。雖然還是要用心用力去找，但是千萬不要太患得患失，真的沒有必要太過執著。」

雖然黑豹小姐一直都是不受社會習俗與成見影響，能夠忠於自我、獨立思考的人，但她真正認清原來自己是如此與眾不同，是在剛滿三十歲的時候。當同齡的朋友不是已婚甚至已經有了小孩，就是急著想要邁向人生第二階段，想盡辦法明示或暗示戀人，快用鑽石套住自己的時候，黑豹小姐這才疑惑，為何自己沒有那樣的迫切感與焦慮？甚至根本沒把結婚當成必要的選項？

　　當同齡友人們的警報器響成一片，一個一個心慌意亂，急著想要快快拉起身旁男人的手，希望就此銬著他跳一輩子雙人舞的時候，黑豹小姐發現自己反而更加珍惜可以快樂獨舞的時光。

　　她不在乎「剩女」或「敗犬」這類想要把女人分類的流行語，她更不會想再回到二十幾歲，硬把自己塞進不適合的衣服裡，強迫自己過著根本不適合的人生，和不那麼愛自己的人談戀愛，連對方到底是不是真心喜愛自己都不清不楚。

　　但她在乎年過三十之後有沒有更懂得自己，有沒有比二十幾的時候更懂得什麼才是自己要的、什麼才更適合自己，能不能夠分辨真心與假意，更清楚明白自己的喜好。

其實她希望自己還能更進一步，最好連「三十」「四十」這樣的年齡分界都不在乎，而只是在乎「現在」有沒有更好、「將來」能不能更好。就算只是更了解自己適合什麼顏色的口紅，更明白怎樣的裝扮可以凸顯自己的優點，都是更值得在乎與追求的事。

　　對於黑豹小姐來說，重要的不是結婚，重要的是被愛、被了解，但更重要的是愛自己與了解自己。她說：「我從來沒有聽到三十歲的警報聲，我只有看到大家自己嚇自己，女人們慌慌張張的醜態。珍惜自己的人生，創造更好的自己，不要只用有沒有結婚來評價自己，是剩女還是勝女，決定在你。」

今後

親愛的，
一個人或兩個人都不重要，
從今以後妳要為自己美麗，
為自己快樂更為自己幸福，
這才是最重要的。

沒有人注定會幸福

有些人似乎比別人更沒理由不幸福，比如青鳥小姐。

好姊妹的聚會裡，就算每個人都已經抱怨完生活裡每一件不幸的事情，甚至大家說到無話可說了，也不會有人想到問問她，有沒有遇到什麼煩心的事。

「有必要嗎？青鳥小姐注定就會幸福。再說，擁有那樣一雙美腿，還有什麼好抱怨的呢？」她的朋友可能會訝異地反問，好像你提了什麼沒禮貌的問題。

是的，青鳥小姐擁有美麗的面貌、輕盈苗條的身材，還有聰慧的頭腦與溫柔的個性，如此完美、如何不幸？但事實是，沒有人注定會幸福，看似沒有理由不幸福的人，其實只是被當作沒有理由抱怨的人。

於是，青鳥小姐就算走上坎坷的情路，咬著牙她也會撐起臉上的微笑。或許某一天，她能夠掙脫成見束縛，就不會再把自己困在錯誤的愛裡妄想著幸福。

準備

妳說妳的心好累，
妳說好想要一個依靠，
不懂為什麼都等不到，
是不是自己不夠好？
是不是自己不值得？
親愛的其實都不是，
妳需要的只是一切準備好。

不敢再愛的恐懼
比寂寞還可怕

「對我來說，有魅力的女人就像一彎朦朧的月，就算你覺得自己很了解她，其實根本就摸不透她。有時候她不吝於展現自己的美，甚至會讓你覺得自己是世上最幸運的男人；有時候她又會突然撇過頭去，把你留在一片漆黑裡，讓你害怕人生就此失去方向。」

這是獅子先生第一次和我談起他的感情，帥氣挺拔的獅子先生，無論身在何處都會成為眾所矚目的焦點，氣場強壓在座所有男性，更會讓女性各個心裡小鹿亂撞。以往看到被眾人包圍的他，總是開朗有活力，這時我才發現，原來他是一個溫柔、細膩，而且受了傷的人。

「最可怕的是，突然，完全沒有預警的情況下，她又俏皮地對你探出頭，在你還來不及高興的時候，這彎美麗的月就已經變成一把冷酷的鐮刀，把你的心劃成兩半，讓你的生命力噴湧而出，直到徹底乾涸。」獅子先生說完嘆了一口氣。

「前一段感情結束到現在，其實我已經有兩年沒有談戀愛了，雖然陸陸續續認識了一些不錯的人，也有過不錯的約會，但是不知道為什麼，就是沒辦法跨進去正式交往的範圍裡。」獅子先生曾經有一位交往多年的女友，這段甜蜜美滿的戀情，卻在他正要準備求婚的時候宣告結束。

「你真的很棒，不是你的錯，在一起的這幾年真的很棒，這是我這輩子無法忘掉的美好回憶，也許是我的錯吧？我不像當初那麼愛你了，我也很掙扎，真的，畢竟你是這麼好，但是我也沒辦法，我沒辦法下去了，就讓我們好聚好散吧？」對方這麼告訴獅子先生，但是沒有等到他回應，對方說了再見，就轉身離去。

留在原地還說不出話來的獅子先生，不知如何是好，原來自己還在想如何試探對方，想找出最能讓對方感動的求婚方式，沒想到竟然就被分手了。

剛分手的那幾個星期，他有時候會覺得自己快要不能呼吸，也經常從惡夢裡驚醒，夢見潛水時有人要搶走自己的氧氣筒，夢見攀岩的時候有人拿刀割著自己的繩子，或是站在高樓窗邊有人要用力把你推出去，即便看不到對方的長相，但是卻明明白白知道那就是自己深愛的女人，現在已經不再深愛自己的女人。

不再做惡夢之後，獅子先生才發現，心被掏空之後的寂寞感，比惡夢還可怕，而不敢再愛的恐懼，比寂寞還要可怕。

他有時候會覺得自己快要不能呼吸

方向

妳感到迷惘，
妳覺得害怕，
妳覺得在人生路上徹底迷失方向，
親愛的別怕，
只要相信自己，
妳的心會帶妳找到方向。

別在愛裡喪失個性

與其苦惱自己想過怎樣的人生，多數人更樂於去想自己該有怎樣的愛情。有些人只是年輕時如此，有些人則是一輩子這樣。還有些更少數的人，可以說是為愛而生的人，為了愛情而誕生、也為了愛情而維生。

為愛而生的兔子小姐，她的人生就為了追求理想的愛情，她的視線總在情人身上，或是可能的情人身上，現實世界不過是模糊的背景。社會問題留給好事的人，職場規劃不如隨遇而安，家人朋友其實可有可無。

除了愛情，她從沒真正在乎過任何事情。

兔子小姐第一次為愛離家出走，並不是因為父母反對她的初戀對象，就只是想要擁有更特別的初戀。接著第二次戀愛、第三次戀愛⋯⋯談了許多的戀愛，家人朋友慢慢發現，兔子小姐並沒有特定的偏好，反而是每一任情人都有很大的不同。更特別的是，每換一個對象，她就能配合對方，徹底改變自己的造型與生活型態，甚至連個性也跟著變了。

兔子小姐的人生由一段一段不同的愛情組成，她的人生因此看來極其浪漫精彩，但也因為每一次都能配合對象改變自己，慢慢地，連她也看不清楚究竟自己原來是什麼樣子，自己的個性似乎跟著一段一段的舊戀情消失了。

　　在愛情裡喪失個性會變成怎樣呢？年輕貌美時，會被當成用來引人注意的配件；年老色衰時，則會變成不希望被人注意到的配件。

自己的個性
似乎跟著一段一段的舊戀情消失了

關於幸福
你需要自作主張

　　如果幸福是得到自己想要的，那麼，要是不知道自己想要什麼，能夠幸福嗎？如果愛情是跟自己喜愛的人在一起，那麼，要是不知道自己喜愛怎樣的人，還能夠擁有真正的愛情嗎？

　　各方面條件都比別人好很多的貴賓狗小姐，雖然不知道自己想要什麼、喜愛怎樣的人，卻不曾懷疑自己能不能夠幸福與擁有美好的愛情，其實，她覺得比起周遭的親朋好友或同事，自己更加理所當然可以擁有最好的一切。

　　於是，看著別人的幸福與愛情，從心裡湧出的嫉妒淹沒了理智，在還來不及想清楚自己想要什麼之前，在還來不及弄明白自己喜愛怎樣的人之前，貴賓狗小姐已經先想到，要去奪取看似幸福的人的幸福，擁有愛情的人的情人。

　　她想要有的，是別人所擁有的；她想要愛的，是別人所摯愛的。只有除了大學時期被學長追求，所談的初戀除外，貴賓狗小姐之後的每一段感情，都是介入別人的感情試圖橫刀奪愛。雖然不是每次都會成功，但是在她成為姊妹淘的男友的新女友之後，周遭的女性幾乎都開始提防著她。

即便曾經最親近的友人跟她漸行漸遠，貴賓狗小姐也沒有因此反省什麼，她反而覺得這表示對方開始嫉妒自己，這表示自己真的幸福了、擁有美好的愛情了。

　　不過，貴賓狗小姐並沒有從此就過著幸福快樂的日子，因為不論她擁有了多少、擁有的多好，她總還是更加想要別人擁有的、別人所愛的。

　　有人說，嫉妒是自己喝下毒藥，卻希望別人死掉，貴賓狗小姐的嫉妒則驅使她去追逐別人的幸福與愛情，並且永遠都有新的目標引起她嫉妒，彷彿是一道永恆的詛咒，命令她在一個沒有起點與終點橢圓形跑道上持續和自己賽跑。

　　我們或許無法真正根除嫉妒，但是千萬記住，嫉妒從來就不是一個好的嚮導，從來也不會帶你到自己真心想去的地方。關於幸福，你需要自作主張。

嫉妒是自己喝下毒藥
卻希望別人死掉

幸福

可以做喜歡的事是快樂的，
能夠跟喜歡的人在一起是幸福的。
練習成為幸福快樂的人，
就從每天花一些時間，
做喜歡的事情、陪伴喜歡的人開始。

愛情是每一分每一秒的相處

「對於人生，或許世上只有兩種人，一種是不知道自己要什麼，但是會試著弄清楚；另外一種，也是不知道自己要什麼，但是不會想要真的弄清楚。不會想要真的弄清楚自己要什麼的人，應該比較多吧？也許會比較快樂吧？」

「不對！他們不見得會比較快樂，憑什麼？憑他們的無知跟懶惰嗎？」

「所以大家總是這樣，因為不知道自己真的想要什麼，所以就參考別人，看別人擁有什麼，就決定自己也要有，到後來，才發現那些也不是自己要的。」

「所以……我想要什麼呢？」

這幾天，灰貓小姐時不時就在思考這些問題，甚至在上班開會的時候，突然陷入沉思，同事看了以為她是在思考會中討論的問題，其實她是因為前幾天被求婚了，而變得心神不寧。

「所以，我真的想要結婚嗎？」灰貓小姐在心裡反覆問自己這個問題。

我看著灰貓小姐在門口呆立著，轉身離開，又再走了回來，又再轉身離開，又再走回來並且終於開門進來。走向座位還沒等到我問，灰貓小姐就先說了：「請給我一杯愛爾蘭咖啡，謝謝。」

　　多數人是因為在咖啡廳裡卻想喝酒，為了裡面的威士忌而點愛爾蘭咖啡，不過當灰貓小姐這類習慣清醒的人想要迷糊的時候，與其去酒吧喝醉，她們也會更放心在咖啡廳點愛爾蘭咖啡。當然，這也代表她們遇到了理智過不了的關。

　　「這時候我需要的是清醒？還是迷糊呢？」灰貓小姐沒等我回應，就接著說：「為什麼在最應該開心的時候，我卻快樂不起來，心裡面反而冒出許許多多的問題，甚至都要開始懷疑自己的人生了。」接著她神情茫然，安靜地喝完這杯愛爾蘭咖啡，因為還沒搞清楚狀況，所以我什麼都沒有說。

　　再點一杯之後她說：「我現在就好像在跨年派對裡，倒數完了，外面正在放煙火，我閉上眼和男友擁吻，但心裡面卻在想，待會要如何收拾，這些派對製造的所有髒亂。你懂嗎？」她看著我，也許我也露出茫然的表情，接著她說：「我被求婚了，這應該是我想要的，雖然有很短暫的快樂，在那當下，但是接著更多的是困惑，這真的是我想要的嗎？這就是愛情的目的嗎？這就是幸福嗎？」

在灰貓小姐準備離開的時候，我試著回答她的問題：「結婚不是愛情的目的，結婚不是幸福的終點，結婚就是結婚。我想，結婚或許是愛情裡的跨年煙火，但是愛情是在放完煙火之後，每一秒、每一分的兩個人之間的相處。兩個人都珍惜彼此，相處得好就是幸福，相處不好但願意努力改善，也可以是幸福。」

灰貓小姐離開之後，我才想到應該補充一句話：「結婚不是結束，結婚是愛情的新開始，你會開始遇到很多沒遇過的問題與考驗，但是你也可能體驗到更多愛情的美好。面對未知，困惑是正常的，面對未知而要下決定，困惑也是正常的，人生不就是面對未知而勇敢探索嗎？」

不過，不結婚也是可以擁有美好的愛情，而沒有愛情，也可以擁有幸福的人生。

真要愛一個人
就要連他不好的地方也愛

外面下著雨，原本以為不會有什麼客人的下午，叮鈴～棕熊先生就出現了。

「哈囉，原來是好久不見的棕熊先生啊！」

他小心地關上門，輕輕地拍落身上的雨滴，雖然沒有其他客人，但他還是怕打擾人似地放輕腳步走向老位子，再緩緩落座，很久沒見的棕熊先生一如往常給人非常溫柔的感覺。

「愛一個人，就要愛他的全部，別只挑他最好的地方才愛，要連他最不好的地方也一起愛上才行喔！」這是棕熊先生對我說的，「比如藍莓卡士達派，如果你只挑藍莓吃的話，只會吃到又酸又澀的口感，連藍莓本身的香氣都無法感受到。」

不論看著棕熊先生吃什麼東西，就算是又酸又澀的藍莓，都覺得那一定是非常非常好吃的東西，大概他也全心愛著自己在吃的東西吧？

棕熊先生一邊吃著一邊接著說：「換個方式，如果你只挑卡士達醬吃的話，就可能會因為太甜而乾脆都不吃喔。當然只吃派皮的話也不好，所以啊，唯一的方式就是一口咬下，每一個部分都能一起

品嘗到，唯有如此才能跟別人說你吃過
藍莓卡士達派，這樣才能算數喔！」

　　說完，棕熊先生正吃下最後一口藍莓卡士達派，雖然不明白為何
要用食物來跟我解釋這道理，但我好像真的有比以前更能理解了。
這時，棕熊先生舔乾淨嘴邊的卡士達醬，接著向我點頭示意，我也
向他點頭示意，表示我明白他要再點一份藍莓卡士達派。

把握

愛情來了，
妳抓住了嗎？
別再說妳不值得被愛了，
去擁抱屬於妳的愛情吧！

不敢跳就愛不到

老鼠先生保有比實際看來更年輕的容貌,穿著打扮總是整潔入時,體態輕盈而且舉止優雅,善體人意到彷彿隨時都在注意旁人的需求。但是他卻從來沒有來得及回應歷任交往對象等待他告白的需求。

老鼠先生平常就夠小心謹慎了,面對愛情的他則會變本加厲,更加戒慎惶恐。因為過度小心謹慎,他錯過了一次次相愛的機會,而這一段段不了了之的愛情,都讓他變得更加小心謹慎。

「認真就輸了」就像是對他愛情的詛咒,因為老鼠先生每一次都是萬分認真,而每一次也都萬分恐懼自己會變成輸的那一方。他擔心對方不是真的愛自己,他也擔心自己不是真的愛對方。他擔心這段愛情會短暫易逝,他也擔心這段愛情會歹戲拖棚。他怕愛到了,也怕愛不到。他怕自己愛得太多,也怕自己愛得太少。

最後害怕終於淹沒了浪漫,愛情則早已陳屍在理性算計的深冷海底。

其實老鼠先生也能理解,真愛容不得算計,真愛更無需計較輸贏。但是他太愛惜自己的自尊心,

他始終沒能說服自己，投身求愛，不會讓自尊心摔得粉身碎骨，頂多就是摔斷自尊心的一條腿。自尊心總是能復原，而真愛可能就這麼錯過了。

真愛或許沒有方程式，但是通常，不敢跳就愛不到。

「認真就輸了」
就像是對他愛情的詛咒

領會幸福

一秒鐘可以給一個微笑，
一分鐘可以唱幾句情歌，
一下子的美好，
可以造就一個難忘的好日子。

愛有百味
都值得細細品味

一段完整的感情，或許就像一天的開始與結束：有清新愉悅的早晨，有火熱激烈的中午，有舒適悠閒的下午，與可能讓人有些感傷的黃昏，最後是星光閃爍、寧靜幸福的美好夜晚，或者是漫長而令人難耐的冷酷寒夜。

有些人只喜歡早晨與中午，最多再忍受一點點下午，但別想說服他們欣賞黃昏的美麗，以及夜晚的靜謐舒適。對松鼠小姐來說，只有清新愉悅與火熱激烈的部分，才能算得上是愛情，剩下的就像墊在美味菜餚底下的生菜，她相信有人會吃那生菜，但絕對不會是她。

如同最挑嘴的美食家，松鼠小姐只願意品嘗她所認定愛情最精華的部分，所以她不願意愛得太久。於是她也變成像是只蒐集某種藝品的收藏家，擁有許多短暫的愛情，或如她所說真正的愛情、愛情的精華。

難道她是害怕承諾？或是無法相信愛情？

不，松鼠小姐多麼願意承諾、多麼願意相信愛情，只要一遇到適合的對象，她就能夠奮不顧身、全心全意去愛。只是，她不願意見到愛情的黃昏與黑夜。

　　只憑菜單上的名稱、照片，或許我們能夠想像一道料理的滋味，但是如果沒有真的嘗過，其實我們永遠不會知道自己錯過什麼。

　　熱戀或有冷卻的時候，只要懂得品味，愛得長久當然別有一番風味。也許嘗鮮不必然更勝念舊，也許愛有百味，都值得細細品味。

懂得品味
愛得長久當然別有一番風味

不合

不適合的男人，
就像會咬腳的鞋，
看起來再怎麼好看，
能夠招來再多人的羨慕眼光，
都無法彌補，
不能陪妳走長長久久人生路的缺憾。

只對你好
才是真的好

許多曾經愛過野狼先生的女人，
無法理解為何條件這麼好的男人，
偏偏心就是這麼不好。

野狼先生則無法理解，
這些曾經愛過她的女人，
為何會期待條件這麼好的男人，
只能對一個女人好。

有些分手後還愛著野狼先生的女人，
則覺得不是他的心不好，
一定是搶走他的女人不好。

是紳士或是男孩

　　白馬先生風度翩翩，讓歷任的女伴都深深著迷，舉凡拉椅子、開車門、提重物，天冷的時候脫下自己的外套披在女伴身上，行為舉止無不展現溫柔體貼的紳士風範，讓女伴們各個心花怒放，和他出門約會都忍不住覺得驕傲，覺得自己就像公主。一旦正式成為男女朋友，白馬先生對升格為女友的女伴，就像雙手小心捧著嬌貴的花朵，更是悉心呵護、照顧有加，不過這些似乎都只是美麗的表象而已。

　　白馬的先生今晚不像以往是帶女朋友來，而是和兩個男性友人一塊來，點了相同口味的香草拿鐵，就滔滔不絕地跟朋友談起他的煩惱：「我以結婚為前提和她交往了一段時間，我們相處愉快又滿聊得來的，我想是時候帶她和我媽見面吃飯。用餐氣氛融洽，沒有什麼問題，送她回家的路上，她忽然說對結婚這件事，她想先緩一緩，她還要再想一想。

　　我不明白為什麼突然說這些，追問之下她才說覺得我個性很好很孝順，但是她會怕我好像太聽媽媽的話，怕這樣會影響到婚後的生活。我越聽越不明白了，孝順媽媽也有錯？難道要對自己的媽媽不好，這樣的人她才願意嫁嗎？她也是個女人，將來也會有孩子，難道就不能將心比心嗎？」

教養良好的白馬先生，自小就跟母親兩人相依為命，對於母親提出的建議幾乎不曾反駁，從應該買怎樣的衣服到大學該選什麼科系，一切都聽從母親的決定。很少見地提出自己不同的意見時，母親就會哭訴自己獨自扶養小孩的辛勞，為了不讓母親傷心，白馬先生不再提出自己的想法和意見，久了就變成凡事先問母親。

到了開始交女朋友的年紀之後，孝順的白馬先生總會先把女友帶回家給母親看看，得到母親認可的才會繼續交往。有些戀情根本還沒真正開始，就先被判出局，有些則是受不了白馬先生唯母是從而選擇離去。即便因此很難順利談好感情，白馬先生仍然認為這樣做才對，因為他相信母親是世界上最愛自己的人，那些他想要進一步交往的女人，就算不了解做母親的心情，也應該要努力去理解、去諒解。

白馬先生的問題沒有標準答案，但或許他應該要試著思考看看，一個成年人是要透過自主的選擇，並且承擔後果來創造自己的人生、為自己的人生負責。他應該要問自己，把決定權交給別人的同時，即便是交給自己的母親，仍然代表作為成年人的自己不願意承擔下決定的責任，那麼就會變成讓別人來決定自己的人生，或者其實是自己不願意長大、負責，跟是不是孝順沒有關係。不願意長大、負責的白馬先生，才是隱藏在溫柔體貼、風度翩翩的美好形象底下，令女友們最後選擇離去的真相。

有些戀情根本還沒真正開始
就先被判出局

橫刀奪愛也許不是愛

外人常會誤會，以為鬣狗先生喜歡接手朋友的前女友，其實那幾任女朋友，都是他從朋友身邊搶來的。就好像越難成交的顧客，越能激發他銷售的鬥志，與其去追其他單身女子，鬣狗先生更樂於追求朋友的女朋友。

可能靠著從事銷售工作培養出過人的溝通技巧，雖然是奪人女友，鬣狗先生也總是能夠向苦主動之以情、說之以理，即便多少會損害朋友之間的情誼，但是到目前為止，還沒遇到因此而和他徹底決裂的。

鬣狗先生最得意的，就是能夠如此兼顧友情與愛情，只不過他的友情難免變質，而愛情從未長久。也許可以說，他的友情不需要忠誠，而他的愛情只追求戰績。鬣狗先生不懂的是，還有一種愛情跟他的不一樣，不像打棒球跑回本壘得分就結束了，這樣的愛情的美好，是兩個人一起的一段旅程，這樣的愛情不只是成為情人就好，還包括維持美好的情人關係。

曾經被鬣狗先生追走，後來又離開他，回去和前男友復合的獼猴小姐說，被鬣狗先生熱烈追求的感覺很好，他就像是不顧一切想要和你在一起，只是真的在一起之後，就會感覺他沒那麼愛你，你會覺得自己比較像他放在櫃子上展示的獎杯。

不是王子也能花心

現實世界裡的青蛙變王子，往往都不是太美好的事情，畢竟，對於想要一生一世守護一段感情的人來說，改變通常就有風險，就可能毀壞本來的愛情盟誓。當許多人期待擁有多采多姿的生活，這樣的人則更能體會平凡中的簡單幸福；當許多人追求轟轟烈烈的愛情，這樣的人則更渴求細水長流的感情。可以說，與其選擇王子，這樣的人更願意傾心於青蛙。

認定風度翩翩、神采飛揚的男人，他們的心就是更花、更壞，當然是種偏見。但是如果反過來說，以為木訥寡言、其貌不揚的男人，他們就會更善良、更忠誠，不也是沒有根據的一廂情願嗎？

青蛙先生今天帶了不同的女伴來，不是之前那位為他生了一個男孩，現在肚子裡還為他懷著一個女孩的前妻，他今天帶來的這一位更年輕、更苗條。

對於青蛙先生的前妻來說，他已經從青蛙變成王子了。

青蛙先生的前妻並不知道，他在心裡自始至終都認定自己就是王子，包括剛認識那時候，長達一個月在她家門口站崗，還有從熱戀到求婚的百般殷勤，都是王子志在必得的攻勢。

青蛙先生的前妻以為，從外貌來說是他高攀了，從外貌來說是自己委屈了，從外貌來說自己選擇了更穩固的感情。選擇了青蛙，而放棄許許多多其他王子的追求。

　　簡單的道理是，長得好看不見得就會花心，長得難看當然也不保證忠貞不二。更深刻的道理則是，任何盟誓都無法保證情人不會變心，我們只能在做了決定之後，承擔後果而不後悔。當然也要記得，不要只是以貌「娶」人或者只是以貌「嫁」人，不要只從外表去認定一個人是青蛙或者王子，會變的是人的心，那才是最該仔細審視的地方。

　　婚後變得花心的人，大部分婚前就已經很花心了，但是你有看仔細他的心嗎？

任何盟誓都無法
保證情人不會變心

真實的感情
不一定是真誠的

　　章魚先生有一位交往多年的女友，當初也是費了好大功夫才抱得美人歸，得來不易理應更加珍惜吧？雖然他們的感情很穩定，可是他並沒有安於現狀，反而不斷劈腿。起初只是想要試試瞞著女友的刺激感，慢慢地膽子愈來愈大，開始假借加班名義和劈腿對象幽會，從到隱密的地方幽會，到後來竟然帶著劈腿對象出席死黨的聚會。周遭的朋友都已經議論紛紛了，章魚先生的女友卻完全沒有察覺。

　　章魚先生也沒想過自己會變成一個不忠的男人，尤其他覺得自己算是念舊的人，對於接觸過的人事物，他總會多放一點情感、多給一些關心。他的女朋友觀察到他愛物惜物的作為時，還覺得他應該是個懂得珍惜的人，應該是個比較重感情的人，應該也會如此善待她。

　　「感情的事情誰說得準？會發生的事情就會發生，也不是我可以控制的。」章魚先生義正嚴詞地對友人說，就像小學生暑假作業沒寫，開學交不出作業，卻怪是暑假過得太快，不是自己沒有寫。在他心裡，他也是真心認定自己身不由己，因為自己曾經努力抗拒過，更試過拒絕這些女人的誘惑，並不是沒有拒絕過。

朋友問，但是你至少欺騙了其中一個，甚至是一次欺騙了兩個女人，難道不該還她們一個真相嗎？

　　章魚先生仍是一臉無奈地說：「可是我不想傷害任何一個人，所以才沒有辦法下定決心選擇，因為兩個都喜歡，因為她們各有各的好，只是她們愛的人剛好都是我。」

　　對章魚先生來說，他對她們兩個人的感情都是真的，這就是最重要的真相，只是這個真相不能讓她們知道。章魚先生的朋友這才明白，原來對某些人來說，真實的感情，不一定是真誠的。

她們各有各的好
只是她們愛的人剛好都是我

承諾換不到幸福

　　海龜先生不懂為什麼歷任女友交往了一陣子之後，都要他給她們一個承諾，但她們卻沒給他時間考慮，更沒給他更多的選擇，只有要或者不要。一些他曾愛過的女人像串通好似的，頭也不回地離他而去，而另一些則用盡手段逼他結婚。他不了解的是，在此之前，他們不是都相處得很好，而他也是真心地愛著她們，難道這樣還不夠嗎？

　　海龜先生更想不通的地方是，難道願意給予承諾，就代表幸福快樂的結局；給不了承諾，就表示之前所做的努力都不算數？他不是不願意給承諾，而是像現在這樣彼此相愛，不就已經是幸福快樂了嗎？那麼多人結了婚之後，還不是離婚了，而且又有多少人，結了婚之後就不再相愛了，那些偷吃出軌養小三養小白臉的事，難道她們都沒聽說過嗎？海龜先生認為，結婚跟愛情根本就是兩回事。

　　海龜先生始終沒能明白，歷任女友究竟在想什麼，年歲漸長之後，他其實愈來愈不想要了解。在人生的海洋裡，有時候他一個人游，自在卻難免孤單；有時候有個伴一起游，合得來就是愉快的一段旅程，合不來的時候就互道珍重。

承諾呢？海龜先生後來反而會跟對方索取承諾，他會跟要分手的女友說：「答應我，沒有我的日子，你也一定要幸福。」他反過來要對方承諾幸福，只不過不是和他一起幸福。然後他的前女友，就會看著他的背影，一點一點地消失在深藍色的大海裡，彷彿未曾存在過。

沒有我的日子你也一定要幸福

雙飛

找一個能夠與妳並肩飛翔的人，
離開那個拉妳向下沉淪的人。

最聰明的就是最笨的

　　朋友常勸她別再執迷不悟、越陷越深，驢小姐則認定自己是擇善固執、一往情深。親近的朋友為她不捨，可惜她虛擲了大好青春，忍不住勸她，一勸再勸，勸了幾年之後，慢慢就不再為她感到不捨，反而有些生氣，甚至氣到罵她太傻太笨。

　　曾有朋友激動質問：「對方沒把你放在眼裡，你幹嘛一直痴心守候？」

　　驢小姐淡然回說：「真愛不就是如此。做不到這樣，還能叫做真愛嗎？」反倒讓朋友無話可說。

　　如果問她為什麼要這樣，她會告訴你愛上了就是這樣，當你愛上了，就是會喜歡這樣做，她覺得其實每個人都喜歡這樣、願意這樣。驢小姐是傻是笨嗎？或許在真愛裡，沒有誰能夠真正清醒。

　　也或許，當你愛上了的時候，最聰明的就是完全拋開理智，全心全意去愛。可能驢小姐反而是最聰明的。

　　當然也有可能，驢小姐只是太過驕傲，驕傲到無法承認自己也有看走眼的時候。

真正的愛情不是枷鎖

　　晚上睡不好導致白天精神不好，會抽空來喝杯義式濃縮咖啡的熊貓小姐，因為失眠的問題常常跑醫院。西醫、中醫她都試過，但是失眠的問題卻不見改善，熊貓小姐帶著兩眼厚重的黑眼圈對我訴苦：「真不明白自己為什麼會失眠。」

　　其實熊貓小姐怎麼會不清楚原因呢？她比任何人都更了解，導致她失眠的真正原因是什麼，只是她寧可看醫生、吃藥，因為那比起面對真正的問題容易多了，就算沒有從根本改善什麼，至少能夠從中得到些許自我安慰。

　　熊貓小姐的先生有酗酒的惡習，從婚前只是每一次的小酌，慢慢地變成一週數次的豪飲，再變成每天無法不喝酒，最後因為酒精成癮影響健康而被醫生嚴重警告，但已經無法嚇阻他繼續酗酒。

　　熊貓小姐的先生雖然不會酒後鬧事、動粗，卻已經不能好好工作，也就不能夠提供一份穩定的收入，因此養活加上兩個小孩一家共四口的重擔，變成落在熊貓小姐身上。除了一份正職，有機會就會想辦法兼差的熊貓小姐，下班的時候已經身心俱疲，卻還要面對喝醉了瘋言瘋語的先生，還要面對家裡的帳單和孩子的學習問題，我想無論是誰應該都很難睡得好。

熊貓小姐想過離開嗎？是的，不只是想，她也曾經真的離開過，只是每次離開之後都會再回到這個人身邊，就像她的先生每次戒酒成功一陣子之後，都會再次酗酒。他們一個是離不開酒精，另一個是離不開已經變了樣的男人。

熊貓小姐找不到徹底斷絕關係的理由，即使這段感情早已發酸發臭變質了；但她卻找得到許多應該留下的藉口，因為對這個男人還有愛，因為這個男人仍然深愛著她，因為希望孩子有爸爸陪伴，因為這個家需要她，不過最重要的，可能是因為這個男人需要她，這個男人不能沒有她。

或許，真正令熊貓小姐害怕的，是不被愛以及不被需要，她必須藉由他人對自己的依賴，來證明自己的價值。與其說她被這個家、這段感情綁著，不如說她是自願捨棄自由的、自己套上枷鎖的。

她寧可擁有這個毀壞了的男人，也捨棄一切重新開始。未知與孤單讓她害怕，她看到的不是一個開闊的世界，等待自己重新探索、學習，而是覺得自己像被鎖進又黑又小的衣櫃裡，拚命吶喊也沒人能幫她把衣櫃打開。為了不要一個人待在櫃子裡，她告訴自己，凡是需要她的人都是愛她的，儘管那根本稱不上愛。

我想熊貓小姐需要的，不是喝一杯提振精神的咖啡，而是設法好好睡個覺，然後勇敢地面對問題，從根本去處理讓她失眠的真正原因。捨棄一段習慣已久的感情，重新獨自面對人生當然是令人不安的，但是比起就這麼過完一生，何不為自己爭取一個重新開始的機會呢？有時候這樣的困境，真的就像自己把自己鎖在衣櫃裡，靠自己的力量，其實可以打開衣櫃重獲自由。

　　不要用別人的愛來證明自己的價值，先學會愛自己吧！你自己也需要你的愛，你自己也值得你好好去愛。而真正愛你的人，不管是該道別的老公，還是需要繼續守護的孩子，如果他們也真的愛你，那麼他們都會支持你好好愛自己。

寂寞

再怎麼愛的人，
都可能離妳而去，
就釋懷吧，
一時的寂寞也是一種人生風景。
既然無法抗拒人生中，
無可避免的迷惘與痛苦，
不如學習如何面對與欣賞。

再怎麼寂寞
也不要抱錯人

就像是把一座水壩的水倒進一個浴缸裡，有些人對於情人的愛戀，遠遠超過對方能夠承受的範圍，終將滿溢而出、泛濫成災，愛情因此罹難，倖存的對方心驚之餘，從此避之唯恐不及。

無尾熊小姐對於情人的愛戀，則像是一座海洋。

因為在心裡放了一望無際的愛戀，無尾熊小姐總會使盡全力去愛。如此用力愛著卻總是適得其反，不僅沒有更加拉近彼此的心，反而讓兩個人的感情，變成拉得越來越繃緊的橡皮筋，冷不防就啪的一聲斷開，永遠無法復合。

面對無尾熊小姐如海洋般遼闊的愛戀，有些人望而生畏，躲得遠遠的；有些人心生嚮往，誓言要征服。不過風平浪靜時的海洋，看著總是很迷人的，其實無尾熊小姐也沒有缺少過戀愛的機會。

還沒真正明白分手的原因，無尾熊小姐身邊就已經有了新的追求者，此時分手的原因是什麼已經不重要，新的對象會不會和前任一樣，或者是不是真的適合自己也不是那麼重要。重要的是每天都會有人陪，重要的是每天都會有人沉浸在自己滿滿的愛裡。

當有人可以愛，比愛什麼人還重要的時候，其實被愛淹沒的不只是對方，無尾熊小姐也在自己的愛裡漂流，隨時都想抱緊任何一個漂過身邊的人，卻也可能因此沒去抱住真正適合自己的人。

　　真愛當然寧缺勿濫，你的愛情應該只為對的人泛濫，不要因為害怕寂寞，而總是愛到不對的人。再怎麼寂寞，也不要抱錯人。

你的愛情應該只為對的人泛濫

不再愛你的
已經不是原來你愛的那個人

　　企鵝先生已經很久沒有帶海鷗小姐一起來喝咖啡，今天他還是一個人來，點了杯黑咖啡之後，好像帶著歉意似地跟我說：「我之後可能就不會再來了，因為我跟海鷗小姐分手了，我們是在這裡認識的，有太多回憶在這裡，也許過一陣子就會沒事，也許我還會再來，但是先當作我不會再來好了。」然後他告訴我，他們兩個人的故事。

　　海鷗小姐是勇於逐夢的人，男友企鵝先生則是願意支持她實現夢想的人，恰好互補的態度沒想到會是造成分手的遠因。

　　海鷗小姐一直夢想要獨自旅遊，體驗不同國家的生活，終於等到存夠錢，她就毫不猶豫辭掉工作準備出國，想為自己留下一段當背包客遊歷各國的回憶。企鵝先生除了擔心安全問題，也怕自己會承受不了思念的苦，不過因為更希望能讓她實現夢想，很快也就調整好心態，轉而全力支持。送海鷗小姐去坐飛機的路上，企鵝先生還暗自在心裡計劃，等她一回國就要馬上求婚。

　　雖然隨時都能用手機看見、聽見對方，但是這段突然拉遠了距離的感情，也只是勉強維持了一年，貌似堅定不移卻一點一點開始崩塌毀壞，終究沒能撐到第二個冬天。分手那夜，他們兩個跟以往一

樣互道晚安之後，海鷗小姐沒有回應企鵝先生說的「我愛你」，遲疑了一下子就果斷地提出要分手。企鵝先生大受打擊，無法相信明明等待對方的是自己，海鷗小姐竟然會用三言兩語，就想一筆勾消他所付出的時間和感情，他感到傷心與委屈，拒絕分手。

幾天之後他們透過視訊交談，海鷗小姐告訴企鵝先生：「旅行讓我更了解自己，讓我更明白自己要什麼，雖然有很多問題還沒有答案，但是我知道自己已經不想要回去原本的生活了，我想要擺脫過去的一切。」

企鵝先生：「包括我？」

海鷗小姐：「不是針對你，但是沒錯，過去的一切包括你。」

企鵝先生：「但是那麼多年的感情呢？我還是深愛著你，隔了那麼遠的距離，等你等了快要兩年，我對你的感情都沒有變，我都沒有變，我還是那個願意支持你繼續追尋夢想的人，但是我沒辦法接受就這樣子分手。」

海鷗小姐：「但是我變了。」

企鵝先生看著螢幕上的海鷗小姐，久久說不出話來，默默中止視訊之後，就沒有再聯絡過海鷗小姐，也拒絕她所有的聯繫。

美好的感情，也許就像兩個人默契十足地共舞，但是如果兩個人各自跳著不同的舞，就算硬要貼著身體面對面、手牽手，也無法享受共舞的甜蜜。

錯誤

穿上不適合的衣服，
會讓人整天不開心，
愛上不應該愛的人，
也絕對不可能快樂。
愛上一個人是快樂的，
愛上一個人是美好的，
如果愛上一個人開始痛苦了，
只表示是時候該收手了，
因為痛苦不等於愛，
真正的愛不應該讓妳痛苦。

放棄治療也是一種選擇

　　今天店裡的氣氛異常凝重，客人們看似各自做著自己的事，但是明顯感覺得到也都在偷偷觀察後續發展，終於等到啄木鳥小姐的男朋友說出「我沒辦法這樣繼續下去」，然後起身離去，甚至聽到有客人忍不住發出小小的驚嘆聲。

　　啄木鳥小姐沒有追出去，她沒有哭，她也沒有比以前更快離開，感覺就像剛剛什麼事也沒有發生。但是當我過去收拾她男友的桌面時，她突然跟我說：「就算是這樣，我也不會輕易放棄，愛情不可以隨隨便便就說沒有辦法繼續。」

　　對於啄木鳥小姐來說，愛情本來就會有很多問題，相愛的兩個人，本來就有責任去解決每一個問題，去維護兩個人之間的感情。永恆的愛情不是幻想，只要兩個人真的都堅定不移，真的都付出一切努力去面對、去處理感情路上的每一個困難與挑戰，去並肩作戰，永恆的愛情就可以一點一點地實現。

　　所以她不會輕易放棄這一段感情，這一段她費盡心力保護了兩年的感情，她已經克服了多少的困難，今天就算只剩下她自己一個人還想繼續下去，她也會不計代價、全力以赴。

她相信只要把問題一個一個挑出來，只要一個一個把問題解決掉，總有一天，這一段感情就可以復原，甚至會變得比以前還要好。

　　啄木鳥小姐堅信沒有修復不了的愛情，只要兩個人曾經真心相愛，但是她忘了，之所以會有她正在搶修的這段感情，也是因為她最後還是結束掉上一段感情，讓一段舊感情快快結束，才有機會讓一段新感情慢慢開始。

讓一段舊感情快快結束
才有機會讓一段新感情慢慢開始

離開

離開曾經的摯愛，
就像踏上一段無止盡的旅程，
不知所向、令人恐懼。
但妳必須相信，
當轉身離去的那刻起，
妳就帶著更加成熟的自己，
迎向截然不同的未來。
即便害怕也不要停下腳步，
未知往往令人害怕，
但能引領妳看見嶄新的風景。

分手之後愛還存在

「分手之後，兩個人之間的感情會跑去哪裡呢？」浣熊先生這麼問我，但感覺得到他不是真的要問我，於是我就等他自己回答。

「分手之後，兩個人之間的感情會跑去愛的比較深的人那邊。它會貼身跟著你，隨時跟在身後，一有機會就把手伸進你的身體裡，用力緊掐你的心，讓你心痛到喊不出聲音。」浣熊先生說著也用力緊抓著杯子，看著自己的手沉默一會，又接著說。

「唯一的解脫就是再愛一次，當然你有可能再分手一次，於是又多一段感情跟著，又多了更多心痛的機會。」嘆了一口氣之後，浣熊先生永遠罩著哀傷黑眼圈的雙眼突然放射著充滿希望的光。

「就算分手了，愛都還在啊！」

就算會難過
至少也是真愛過

越是小心防備別人的人，也許曾經被人傷得越深，比如被越是信任的人背叛了，就越不願意再輕信任何人。

不過刺蝟小姐不是這樣的人，她之所以防備每一個靠近的人，不是因為吃過什麼大虧，而是理性思考後的決定。也就是說，經過仔細分析比較，她認為事先防範當然比事後痛心好，就決定把「防備再防備」這當成與人來往的最高指導原則，而她確實也因此還沒吃過虧。

因為怕會被壞男人盯上，所以隨時都要展示滿身的利刺；因為怕會被別人傷了心，所以一直都要藏好自己的真心。於是雖然只有很少數的人，膽敢追求刺蝟小姐，並且成功在一起，但是從來沒有人感覺到她真的曾經愛過自己。

刺蝟小姐算是成功了嗎？畢竟每一段感情都沒讓她真正傷過心，但令她困惑的是，每一段感情好像也沒有讓她真正更開心。為了避免難過，刺蝟小姐其實沒有真正愛過。沒有放真心的愛情，就是貼了假商標的仿冒品，看起來再像，用起來就是不一樣。就勇敢去愛吧！

就算會難過，至少也是真愛過。

斷念

一個不愛妳的人，
就是妳拚了命感動了天，
他也不會有對妳心動的一天，
因為現實人生不是韓劇。

用盡全力去愛
也無法感動不愛你的人

　　時針指向十點，距離打烊還有一個小時，正在想不會再有客人，也許該先關門了，叮鈴～好久不見的黑雁小姐來了。

　　差不多每隔三個月的時間，黑雁小姐都會出現。今晚的她，完美的妝容仍看得出有些疲倦，纖細的黑雁小姐拖著行李箱的模樣，在夜色裡顯得特別柔弱與孤單。

　　「今天要飛哪裡呢？」我問。

　　「喔，才剛飛回來而已，但明天一早又要飛了。」遞上飲料和甜點後我們各自做著自己的事，我忙著打烊前的清理，黑雁小姐則是對著檸檬塔發呆。

　　「老闆，如果愛一個人好久好久，那個人會不會也愛上我呢？是不是只要你付出真心，愛得夠深夠久，就能夠得到好的回應呢？」黑雁小姐有些遲疑，但還是開口問了我這樣的問題。

　　正當我陷入沉思，還在猜想如何回答才好的時候，黑雁小姐有些激動地補充說：「真愛不是可以感動一切嗎？電影不是都這樣演的嗎？只要你真心對一個人好，只要你愛得夠深夠久，最後對方都會

被你的愛感動啊！」講完之後她好像也沒被自己說服，輕輕地嘆了口氣，看起來更加失落與脆弱。

　　但是那是電影啊，我心裡這樣想著，不過當然沒有說出口。

　　喀！黑雁小姐用叉子把檸檬塔切成一半，語帶失落地說：「單方面用盡全力去愛，卻得不到對方的回應，現在的我就好像掉進一直往下墜的漩渦，無論怎麼拚命呼喊，能夠聽見的也只有自己的回音，不愛我的他又怎麼會明白我愛得有多深、有多痛呢？」接著我和她都沉默了，靜得好像都能聽見，夜空裡的雲朵隨著晚風飄動的聲音。

　　吃完檸檬塔的黑雁小姐似乎想到什麼，也許是那個他迷人的笑容，於是打破沉默，興奮地自己回答了自己剛剛的提問：「對，現在對方也許不懂，但是以後一定會懂。只要再給我更多的時間，只要我再更努力地去愛他，有一天他會被我感動，只要我不放棄，只要再用更多更多的時間，只要……」

　　或許黑雁小姐應該要想，電影之所以吸引人，就是因為人生不是電影，真實的愛情也不如電影中那樣夢幻美好，就是用盡無限的時間，就是再如何更加努力，不愛你的人最後也還是有可能不會愛上你，不過這些話我都哽在喉嚨說不出口。

走出咖啡廳，我看著夜空心想，雲朵會飄向哪裡，不是雲朵可以控制的，而是要看晚風怎麼吹。

命運

有真心想做的事情，

只要開始做就對了，

妳的生活由妳決定，

妳的人生由妳操控，

過妳喜歡的生活，

從投入喜歡的事情開始，

做一個能夠主宰自己命運的女人吧！

相信命運
不如相信自己

許多人相信命運，尤其是綿羊小姐，人生裡絕大多數的事，她都認為是注定會發生的。當然她不認為所有的事情都注定了，大概有百分之九十是注定了，而剩下的百分之十可以改變的事，都不是人生裡的大事，例如明天早餐要吃什麼？選哪個牌子的洗髮精之類的。

對綿羊小姐來說，愛情就在那無法改變的百分之九十裡。
會愛上誰、不會愛上誰，是注定的。
會愛一輩子還是一下子，是注定的。
我們都在命運的操控之下，走到一塊或是各分東西，卻以為一切都是自己的選擇。

綿羊小姐會說：「再自由的戀愛，其實也是命中注定。」

相信命運至少有一個好處，就是當壞事發生的時候，命運就是真正該負責的那位。例如深愛多年的情人移情別戀了，那是因為彼此注定不能在一起。

相信命運至少有一個壞處，就是當好事遲遲沒有發生，自己也只能接受命運的安排。例如暗戀的對象根本無視自己的存在，那也是因為彼此注定不能在一起。

　　於是命運就站在草原四周，冷靜地監視我們低頭吃著腳邊的草，要是有誰膽敢妄想另一片草原，甚至抬起頭來遙望遠方，就會被命運冷酷的目光嚇得快快低下頭去，再又專注在自己站著的那一片小天地。

　　但是綿羊小姐究竟是相信命運，還是相信自己只值得目前所擁有的？她是相信一切都是命中注定，還是不相信自己可以創造改變？

　　女人啊，相信命運，不如相信自己，而且要相信自己當然值得更好的。

愛情就在那無法改變的百分之九十裡

開始

開始做妳真心喜歡的事，
才能開始過妳真正想要的生活。

鼓起勇氣出發吧

海狗小姐知道自己喜歡女生,雖然在高中的時候,曾經接受男生的追求,但是在大學社團認識的學姊,才第一次讓她有戀愛的感覺,只不過那次也是僅止於暗戀。出社會之後,海狗小姐曾經想過,會不會只是沒遇到對的男人?但是許多年過去了,不只沒遇到過對的男人,她對大部分的男人也都只感到討厭。

看著自己的同學、朋友一個個結婚、生子,聽到父母、親戚時不時關心與催促感情與婚事,海狗小姐也曾經想過,要不要就找個男人嫁了吧?不然會不會有一天,真的生不出孩子,後悔也來不及了。不過朋友問她為什麼不快點找個男朋友談戀愛,當她聽到自己回答說也很想,只是沒遇到喜歡的男人的時候,她心裡很清楚,自己根本不會喜歡男人。

如果愛情是一片海洋,海狗小姐就是一直站在岸上觀察與猜想,始終不敢親身潛進海裡探索。或是因為害怕別人的眼光,或是害怕找不到自己要的,但是害怕無法帶她去任何地方,誠實面對自己的勇氣,才能夠帶她離開原地、啟程探索。

做不同的選擇
才有不同的人生

　　山豬小姐有一陣子沒來，今天來了卻異常安靜，不像以往會找其他客人或是找我攀談，也沒在門外看來很興奮地講很久電話。她挑了角落的位置，點了杯熱拿鐵之後就靜靜坐著，直到快打烊，客人少了，我忍不住坐到她前面問問近況。

　　原來之前因為感情的事，山豬小姐和她的媽媽大吵一架，到現在都還在冷戰中。她媽媽在她還沒上小學的時候，就離婚帶著她搬離家裡，從此不再和山豬小姐的爸爸來往。靠著她媽媽過人的毅力與能力，雖然沒有男人依靠，這對相依為命的母女其實過著滿優渥的生活。只不過，直到山豬小姐都已經超過三十歲了，離婚的這二十幾年裡，她媽媽都沒有再和人談過戀愛。

　　可以說是和她媽媽相反的選擇，山豬小姐不會因為害怕愛錯人，就選擇不試著去愛看看。當然她也會害怕愛錯人，她也會害怕因此受傷，但是與其因為害怕愛錯、害怕受傷，就把自己關在安全的窩裡，她寧願出去闖看看，就算撞了一身是傷，也比什麼都沒有好，而且或許下一次，就會真的遇到對的人。

山豬小姐和她媽媽之所以會大吵，關鍵就是兩個人的感情觀不同，她的媽媽寧可過度謹慎，也不願意再犯一次錯，畢竟就算沒有感情她也可以活得很好；反觀山豬小姐，看著她媽媽過了二十幾年沒有愛情的生活，她則選擇勇敢去愛，甚至可以說是大膽去愛，只要覺得對方有可能是對的人，她就會不顧一切去愛，當然也從來不介意是不是女生追男生的問題。

　　大吵的那次，山豬小姐的媽媽說：「你都已經三十幾歲，這樣有用嗎？多用點腦筋吧，那些男人有哪一個值得你愛的？謹慎一點、再多考慮一點，這麼莽撞、衝動不會有好結果的。不要一看到喜歡的，就衝出去、就跳進去，這麼多年這樣子，都沒有成功啊，這樣下去你什麼時候才能結婚？」

　　山豬小姐回說：「不然要像你這樣嗎？犯過一次錯，就永遠不敢再嘗試。沒結婚又怎樣？結了婚又離婚就會比較好嗎？至少我一直嘗試去愛，錯了又怎樣，對啊，不去試永遠都不會錯，但是也永遠都不會找到對的人。我不要像你一樣！」

　　山豬小姐問我覺得她們兩個誰才是對的，我告訴她，每個人都會從自己的人生經驗，學到一些做選擇的判斷依據，然後再做決定，然後再從這次決定的後果，又再學到經驗，這就是我們創造自己人生的過程。所以，與其討論誰對誰錯，或者問自己這樣做是對還是錯，不如去思考，透過這些選擇創造出來的人生，是不是自己要的，如果不是，就要改變。

比如說，你的母親選擇極度謹慎的同時，其實也選擇了現在不談感情的人生，如果這不是她要的，那麼她下一次再遇到戀愛的機會，可能就要試著做出不同的選擇。而你，如果更想要的是找到對的人，也許除了大膽去愛，下一次也要花點心思，更謹慎地檢查對方，而不只是先試了再說，畢竟他也會占用你一段人生，而這段人生也許可以用來找到更對的人。

魅 力

從今天開始，
成為妳自己最喜歡的人。
說會令妳神往的話，
做會令妳敬佩的事，
舉手投足都要讓妳自己喜愛。
於是妳成為自己最耀眼的珠寶，
於是妳成為自己最合身、最動人的禮服，
這就是自信，
這就是魅力，
從努力成為自己最喜歡的人開始。

創造屬於自己的美

　　不論如何辯解，顏值高就是佔優勢，不管是職場還是情場、過去或者現在，長得好看就是比較吃香。鱷魚小姐很早就懂得這個道理，她也很清楚自己並沒有這樣的優勢，其實她很小的時候就知道自己長得不好看，也在很小的時候就感受到因為長相的差別待遇。

　　和一般人不太一樣的地方是，鱷魚小姐認清自己長相的劣勢之後，就拋開任何自我安慰或自怨自艾的念頭，她不想把時間浪費在沒有幫助的事情上，所以與其花時間抱怨父母、嫉妒別人，她寧願把時間用在從其他部分為自己加分，例如比別人多花一些時間讀書、多用一點心思規劃未來。

　　除了更積極培養競爭力，鱷魚小姐也想盡辦法要提升自己的形象分數。練習咬字清晰到聽起來悅耳流暢，練習讓表情與肢體動作更加優雅大方，另外不論是站、是坐甚至是躺，她也都隨時保持端莊直挺。除此之外，從小她就不跟隨流行，因為和大家做同樣的造型，她就是最容易被忽視的那一位，所以她也會更用心去找出適合自己、能夠突出自己的造型，可愛、浪漫或性感都是她會避免的風格，比較常見到她乾淨俐落、簡單但不會顯得輕鬆的造型，就像是隨時都能代表某個大企業接受新聞台訪問那樣。

藉由持續的努力，鱷魚小姐在一般人的審美標準之外，另外創造了屬於自己的美，雖然沒有大量的追求者，她的獨特魅力卻也還是吸引得到好的對象，或許可以說她吸引到的，都是更加獨特與優秀的男人。

　　朋友問她有什麼祕訣嗎？她回答說：「沒有祕訣，就是要動腦筋去想，要付諸行動、要努力，去做最好的自己，不要去抱怨，不要去做沒用的事。」

 做最好的自己

擁抱愛情

不管什麼年紀，
無論何種身分，
都想要有戀愛的感覺，
這就是女人啊！

就算會失去
也別輕易讓愛溜走

「遇見喜歡的人不容易，更難的是對方也剛好喜歡你，而能夠進展到我愛你、你也愛我，只能說是非常幸運，是一百分的幸運喔！」梅花鹿小姐雙手捧著熱呼呼的熱巧克力，透過起霧的鏡片仍看得到因為陶醉瞇成彎月形的雙眼。

除了因為自己的幸運而感到高興，我想她也因為好喝的熱巧克力而更加滿足，看著梅花鹿小姐幸福的模樣，才要在心底偷偷為她感到高興，梅花鹿小姐就放下手中的熱巧克力，手托著雙頰一臉無奈地說：「真希望我也可以那麼幸運。」原本閃著光芒的雙眼，一下子變得黯淡無光說：「可惜我沒那麼幸運，雖然我遇見了喜歡的人，但也許我永遠不會知道對方喜不喜歡我。」

不知是要等我發問，或者是在思考要如何解釋，梅花鹿小姐靜靜地看著水杯，接著一口氣喝完整杯水說：「為什麼呢？因為我和他是無話不談的好朋友，人家都說男女之間很難有純友誼，我不相信，我們可以說是好哥們、好姊妹了，他沒把我當女生看，我也沒把他當男生看。可是有一天，他竟然跟我聊起他公司的女同事有多可愛，我心裡真的很不是滋味，還對他生了好幾天的悶氣。我才發現糟糕了，難道我們之間不是純友誼嗎？」

我為她倒水並招待了幾片餅乾，吃了一片餅乾之後，情緒稍微和緩了的梅花鹿小姐無力地說：「我想，我喜歡上他了，我喜歡上自己的好朋友了。如果我跟他告白的話，十之八九我會失去了一個好朋友。可是我好喜歡他，一點也不想把他讓給其他女生，哎喲，這種事情怎麼會發生在我身上呢？」說完整個人像烤壞了的舒芙蕾，洩氣地癱坐在椅子上。

　　愛情常常不受理性約束，也總是能夠發現你毫無防備的弱點，斬釘截鐵宣稱自己絕對不會愛上的人，偏偏就有可能會讓你無可自拔地愛上。我安慰梅花鹿小姐，愛上好朋友也不見得是壞事，也許他會變成最懂你的情人。當然你也可能失去一位知己，結果卻沒有得到一位情人。可是不論如何，我覺得都必須誠實面對自己的感情，畢竟，當你發現自己喜歡上對方，其實就已經無法再像從前那樣，好好守護彼此的友誼了。

　　誠實面對自己的感情並不容易，但是你會知道，自己曾經為了自己的幸福鼓起勇氣、大膽爭取。親愛的梅花鹿小姐，就算會失去，也別輕易讓愛溜走。

再多談一次戀愛吧

世上最確切不變的事實，就是每一個人遲早都會死，但是女人更有感覺的事實，則是每一個人隨時都在變老。年輕的時候，那叫變成熟，但是夠成熟之後，那就叫做老化了。因為害怕變老與隨之而來的變醜，很多女人會急著做決定，尤其是關於感情的決定，匆促做出的決定不一定是錯的，但卻容易為了趕時間，而沒有好好問自己，究竟要的是什麼。

羊駝小姐說：「我們女人啊，就害怕老了沒得選，怎麼辦呢？大家都趁著還年輕的時候、有得挑的時候亂選，先搶先贏。急什麼？急著結婚生子，急著把人生『定』下來。但是有好好享受過自由嗎？有好好談一次戀愛？」

喝完最後一口咖啡，準備去參加好友婚禮的羊駝小姐，再補充說：「我覺得大家都忘了，都忘記現在我們可以活得更久了，還在用古時候結婚生子的年齡給自己壓力。然後看到別人有、自己沒有，就又給自己更多壓力。最重要的還是弄清楚自己要什麼。不好意思，跟你說這麼多，我怕我待會看到浪漫的婚禮，就會被激到想要馬上結婚，不行喔，我要理性一點，我還想要多談幾次戀愛呢！」

愛自己

妳最該討好的人，
絕對是自己，
妳最該滿足的人，
也還是自己。

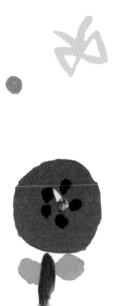

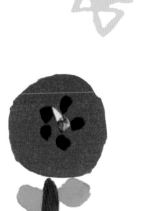

愛不能沒有底線

　　與其說這個世界總愛欺負善良的人，不如說這一輩子對於善良的人來說，有時就像永遠追求更快、更高、更遠的運動競賽，當你願意退讓的時候，下一次對方就會希望你退讓更多，再下一次又要再更多……而你則像一天一天被逼著咬牙苦練，希望能夠不斷刷新個人最佳紀錄，並且最終獲得所有人認可的選手。

　　如果你的情人，就是那位持續逼迫你的人，也許你會變成一個找不到底線的人，就像是象小姐那樣。

　　象小姐擁有一顆寬厚的心，一顆寬厚的心裡流著善良的血液，而她寬厚到面對任何挑戰都堅毅不拔的心，其實還有超高濃度的愛在裡面。只是太高濃度的愛，會讓某些人喪失理智，時間久了，就會連自己的底線都找不到了。

　　象小姐原諒了偷約別的女生出去的男友A。

　　象小姐原諒了偷和別的女生親嘴的男友A。

　　象小姐原諒了偷和同事上床已經變成丈夫A的男友A。

　　然後象小姐原諒同一件事兩次、三次……

然後象小姐原諒同一件事換了不同的同事一次、兩次、三次……

　　然後終於有一天象小姐無法原諒自己。

　　難道我們擁抱愛的時候，真正想要的是這種結局嗎？對方真正要的是你的愛，還是吃到飽的原諒呢？愛不能沒有底線，原諒最多就只有一次。

濃度太高的愛
會讓某些人失去理智

愛情不一定重要

雖然有些朋友會可憐老虎小姐，可憐她那麼年輕就離婚，就要獨立扶養小孩。老虎小姐的父母當然更會擔心，隔一陣子就會問她，需不需要搬回老家住？或是需不需要他們去她那裡幫忙照顧小孩。但是她真正親近的朋友就知道，成為單親媽媽跟兒子相依為命，本來就是她要的生活，而她也有能力過好這樣的生活，大家根本不需要擔心她，她根本也不想要大家可憐她。

老虎小姐是會想清楚自己要什麼，設定目標之後就奮力前進，非要達成目標不可的女人。就像她很早就想好將來要開服飾店，讀高中的時候就在服飾店打工，一邊學做生意、一邊存開店基金。讀大學的時候，就把之前存的錢拿去做網拍，自己批發衣服在網路上賣。到了大四的時候錢也存夠了、店面也找到了，她覺得一切都已經準備就緒，也沒有想要等到畢業，就直接退學去開店。

當她的第二家店生意穩定了，新投資的網路購物也轉虧為盈之後，她就想到要結婚生子，應該說她只是想要生小孩，但是未婚生子對父母、對小孩好像都有太多不容易解釋的地方，所以她還是選擇規規矩矩地先結婚、再生子。

長相俏麗、身材苗條而且很會賺錢的老虎小姐，當然不缺追求者，相信這些人也都願意娶她，但是知道她的計劃之後，還願意繼續交往直到結婚生子的人也就只剩現在的前夫了。只不過老虎小姐不知道，她前夫本來以為可以改變老虎小姐的想法，他不相信結婚在一起生活幾年，生了自己的小孩，這樣還可以在小孩沒長大就跟自己離婚。但是老虎小姐後來就這麼做了。

　　老虎小姐的前夫問她：「難道我們之間沒有愛情嗎？」

　　老虎小姐答說：「當然有啊，曾經有，我不會跟我不愛的男人結婚生子，只是現在愛情對我來說已經不重要了，或許一直以來都不是最重要的，而且，我現在只愛我兒子還有我的事業。」

我不會跟我不愛的男人結婚生子

od Love

吉娜兒
愛情café

獻給偶爾哭泣仍舊依然勇敢去愛的你

Eurasian Publishing Group
圓神出版事業機構
用心同你對話．視野無限寬廣

圓神出版社
Eurasian Press

http://www.booklife.com.tw

reader@mail.eurasian.com.tw

Tomato 068

吉娜兒的愛情Café：妳永遠可以愛得更美好

作　　者／吉娜兒

發 行 人／簡志忠

出 版 者／圓神出版社有限公司

地　　址／台北市南京東路四段50號6樓之1

電　　話／(02) 2579-6600．2579-8800．2570-3939

傳　　真／(02) 2579-0338．2577-3220．2570-3636

總 編 輯／陳秋月

主　　編／吳靜怡

專案企畫／沈蕙婷

責任編輯／鍾宜君

校　　對／鍾宜君．周奕君

美術編輯／王琪

行銷企畫／吳幸芳．陳姵蒨

印務統籌／劉鳳剛．高榮祥

監　　印／高榮祥

總 經 銷／叩應股份有限公司

郵撥帳號／18707239

法律顧問／圓神出版事業機構法律顧問　蕭雄淋律師

印　　刷／國碩印前科技股份有限公司

2017年1月　初版

定價 330 元　　　　ISBN 978-986-133-603-9

每一份愛情都有不同的面貌，

而妳，在愛情裡是什麼模樣？

——《吉娜兒的愛情Café》

◆ **很喜歡這本書，很想要分享**

圓神書活網線上提供團購優惠，

或洽讀者服務部 02-2579-6600。

◆ **美好生活的提案家，期待為您服務**

圓神書活網 www.Booklife.com.tw

非會員歡迎體驗優惠，會員獨享累計福利！

國家圖書館出版品預行編目資料

吉娜兒的愛情Café：妳永遠可以愛得更美好 / 吉娜兒作. -- 初版. -- 臺北市：
圓神，2017.01
208面；14.8×20.8公分. --（Tomato；68）

ISBN 978-986-133-603-9（平裝）
1.戀愛 2.生活指導
544.37   105022160